CATALOGUE

DES

TABLEAUX MODERNES

COMPOSANT LA COLLECTION

DE M.

F*** DE MARSEILLE

Feissinet

DONT LA VENTE AURA LIEU

HOTEL DROUOT, SALLE N° 8,

Le Jeudi 13 *Mai* 1880

A DEUX HEURES ET DEMIE.

EXPOSITIONS :

PARTICULIÈRE : LE MARDI 11 MAI 1880.
PUBLIQUE : LE MERCREDI 12 MAI 1880.

DE UNE HEURE A CINQ HEURES.

COMMISSAIRE-PRISEUR :	EXPERT :
Mᵉ HENRI LECHAT	M. GEORGES PETIT
6, rue Baudin (square Montholon).	7, rue Saint-Georges.

Chez lesquels se distribue le Catalogue.

CONDITIONS DE LA VENTE

Elle sera faite au comptant.

Les acquéreurs payeront *cinq pour cent* en sus des adjudications.

Paris. — Typ. PILLET et DUMOULIN, 5, rue des Grands-Augustins.

DÉSIGNATION

BEAUMONT

(E. DE)

1 — *Dans les blés.*

Haut., 27 cent.; larg., 37 cent.

BELLY

2 — *Les bords du Nil.*

La rive est bordée par une forêt de chênes et de palmiers; au loin, les pyramides d'Égypte se découpent sur un ciel clair et lumineux.

Haut., 49 cent.; larg., 80 cent.

BERNE-BELLECOUR

3 — *Tête de femme.*

Haut., 15 cent.; larg., 12 cent.

BOUDIN

4 — *Entrée de port.*

Haut., 30 cent.; larg., 44 cent.

BOUDIN

5 — *La plage près Trouville.*

Haut., 20 cent.; larg., 40 cent.

BOULANGER

(G.)

6 — *La toilette.*

Une jeune femme ajuste les derniers détails de sa toilette devant une glace soutenue par une jeune esclave noire.

Haut., 33 cent.; larg., 22 cent.

BROWN

(J. L.)

7 — *La leçon d'exercice.*

BROWN

(J. L.)

8 — *Cheval au râtelier.*

BROWN

(J. L.)

9 — *Cavalier arrêté.*

BUSSON

10 — *Paysage avec rivière.*

Haut., 32 cent.; larg., 39 cent.

CHAPLIN

11 — *Délaissée.*

Une blonde jeune fille, la poitrine nue, est assise dans une attitude triste et mélancolique. Près d'elle, un Amour tout en larmes et une lyre brisée indiquent suffisamment l'objet de sa douleur.

Haut., 1 m. 24 cent.; larg., 80 cent.

CHAVET

12 — *Le naturaliste.*

Haut., 32 cent.; larg., 25 cent.

COROT

13 — *Hauteurs de Ville-d'Avray.*

Au premier plan, quelques paysannes sont arrêtées au milieu de la prairie. A droite et à gauche, des massifs de chênes et de bouleaux couvrent le coteau jusque dans la vallée, qui apparait vaguement à travers la brume.

Haut., 49 cent.; larg., 99 cent.

COROT

14 — *Jeune fille assise.*

Assise sur un tertre dans une attitude de rêverie, une jeune fille, coiffée d'une sorte de mantille, tresse une guirlande de fleurs; un feuillage épais l'environne.

Haut., 54 cent; larg., 44 cent.

COROT

15 — *Vue de Mantes.*

La rivière forme à cet endroit de nombreux petits îlots boisés. On aperçoit au delà les toits ensoleillés de la ville, qui se découpent sur un ciel clair.

Haut., 29 cent.; larg., 49 cent.

COUTURE

(THOMAS)

16 — *Grandeur et décadence.*

Dessin humoristique d'une exécution très soignée.

COUTURE

17 — *Deux trouvères.*

Haut., 37 cent.; larg., 26 cent.

DARRU

(LOUISE)

18 — *Vase de fleurs.*

Haut., 39 cent.; larg., 31 cent.

DAUBIGNY

19 — *Le printemps.*

La campagne reverdit. La haie qui longe le sentier, les arbres fruitiers disséminés dans la prairie, tout se couvre de fleurs.

Haut., 55 cent.; larg., 94 cent.

DECAMPS

20 — *Le cimetière turc.*

Une jeune femme est assise avec son enfant sur la pierre d'un tombeau ; autour d'elle, les sapins et les monuments funèbres se découpent sur un ciel doré par les rayons du soleil couchant.

Haut., 32 cent.; larg., 22 cent.

DELACROIX

(EUGÈNE)

21 — *Femmes d'Alger dans leur appartement.*

Trois femmes sont assises sur des tapis ; l'une d'elles tient à la main le tuyau d'une pipe ; une esclave nègre soulève un rideau et se prépare à quitter la pièce.

Pastel.

DIAZ

(N.)

22 — *Un hêtre en forêt.*

Haut., 49 cent.; larg., 35 cent.

DIAZ

(N.)

23 — *Nymphes et amour.*

Un demi-jour pénètre à travers le feuillage du bois et éclaire deux jeunes nymphes lutinées par un Amour.

Haut., 34 cent.; larg., 26 cent.

DREUX

(A. DE)

24 — *La marchande d'oranges.*

Un lévrier et un chien griffon marchent près d'elle. Au loin, de hautes montagnes couvertes de neige.

Haut., 91 cent.; larg., 71 cent.

DUPRÉ

(JULES)

25 — *Le gros chêne.*

Au milieu des broussailles qui bordent une petite mare se dresse un énorme chêne; sur l'autre berge apparaît une chaumière entourée d'arbres.

Haut., 63 cent.; larg., 80 cent.

DUPRÉ

(JULES)

26 — *Marine, effet d'orage.*

Sur la plage déserte et battue par les vagues est échouée une barque de pêcheurs; le ciel est chargé de nuages sombres et orageux.

Haut., 54 cent.; larg., 73 cent.

DUPRÉ

(JULES)

27 — *Marine.*

Le ciel est couvert de nuages sombres et orageux. Une barque de pêcheurs longe la côte, suivie d'une autre voile.

Haut., 42 cent.; larg., 54 cent.

DUPRÉ

(JULES)

28 — *La mare.*

Haut., 19 cent.; larg., 24 cent.

FROMENTIN

29 — *L'île de Philœ (Nubie).*

Les ruines d'un temple égyptien couronnent la colline qui borde le fleuve. Au premier plan quelques femmes égyptiennes viennent puiser de l'eau.

Haut., 63 cent.; larg., 79 cent.

GEGERFELDT

(DE)

30 — *Une rivière en Norvège.*

La lune se lève et se reflète à la surface de l'eau. De chaque côté du fleuve apparaissent de nombreuses habitations.

Haut., 58 cent.; larg., 96 cent.

GIRONDE

(DE)

31 — *Négresse lavant son enfant.*

HAMMAN

32 — *Jeune femme soulevant une tenture.*

Aquarelle.

HÉBERT

33 — *Les vanneuses.*

Le soleil vient de se coucher; deux paysannes en train de vanner se découpent en silhouette sur un ciel plein de lumière.

Haut., 45 cent.; larg., 30 cent.

HEILBUTH

34 — *Domestiques d'un cardinal à Rome.*

Ils causent sur une terrasse en attendant leur maître.

Haut., 55 cent.; larg., 33 cent.

HEREAU

(JULES)

35 — *Chevaux de ferme dans la campagne.*

Haut. 32 cent.; larg., 39 cent.

ISABEY

36 — *Le duel.*

La scène se passe la nuit dans une ruelle éclairée par la lune. Deux combattants croisent le fer devant la porte de quelque tripot. Hommes et femmes en sortent en tumulte et cherchent à s'interposer entre eux.

Tableau d'un effet dramatique

Haut., 48 cent; larg., 33 cent.

ISABEY

37 — *Le chemin de fer atmosphérique de Saint-Germain.*

Aquarelle.

ISABEY

38 — *Le petit port.*

Haut., 27 cent.; larg., 39 cent.

ISABEY

39 — *Bateaux rentrant de la pêche.*

Haut., 27 cent.; larg., 39 cent.

JACQUE

(CHARLES)

40 — *Moutons sous de grands arbres.*

De gros arbres ombragent la prairie où est disséminé un troupeau de moutons. Les uns se désaltèrent dans une mare, les autres broutent à travers la prairie.

Haut., 65 cent.; larg., 53 cent.

JONGKIND

41 — *Bateaux en mer.*

Haut., 32 cent; larg., 40 cent.

JONGKIND

42 — *Un canal en Hollande (effet de nuit).*

Haut., 33 cent.; larg., 45 cent.

JONGKIND

43 — *Un canal.*

Haut., 52 cent.; larg., 80 cent.

LÉPINE

44 — *Une rue à Montmartre.*

Haut., 75 cent.; larg., 53 cent.

PELOUSE

45 — *La Seine à Vetheuil.*

Haut., 38 cent.; larg., 54 cent.

PINCHARD

46 — *Jeune femme dans le parc.*

Haut., 31 cent.; larg., 24 cent.

PROTAIS

47 — *La partie de bouchon dans la tranchée.*

Haut., 80 cent.; larg., 1 m.

PROTAIS

48 — *Au feu.*

Haut., 88 cent.; larg., 1 m. 30.

RIBOT

49 — *Une marchande de fruits.*

Haut., 91 cent.; larg., 71 cent.

RICHET

50 — *La route des artistes.*

Le chemin passe à côté d'un gros chêne brisé par l'orage et traverse la plaine dans toute sa longueur, sous un ciel chargé de nuages.

Haut., 90 cent.; larg., 1 m. 15.

RICHET

51 — *Une vallée.*

Haut., 48 cent.; larg., 68 cent.

RICHET

52 — *Route en forêt.*

Haut., 35 cent.; larg., 47 cent.

ROUSSEAU

(PHILIPPE)

53 — *Un marché aux poissons.*

Haut., 23 cent.; larg., 33 cent.

ROUSSEAU

(PHILIPPE)

54 — *Nature morte, poisson.*

Haut., 38 cent.; larg., 27 cent.

ROYBET

55 — *Jeune fille d'Alger.*

Richement vêtue et les cheveux tombant sur les épaules, elle est assise sur un sopha recouvert de somptueuses étoffes.

Haut., 41 cent.; larg., 31 cent.

ROYBET

56 — *Tête de femme.*

Haut., 26 cent. ; larg., 21 cent.

TASSAERT

(O.)

57 — *Le lendemain du bal.*

« Elle a trop aimé le bal, c'est ce qui l'a tuée. »
(Victor Hugo)

Haut., 40 cent. ; larg., 32 cent.

TRAYER

58 — *Tricoteuses dans un intérieur breton.*

Haut., 42 cent. ; larg., 33 cent.

TROYON

59 — *Vaches au pâturage.*

Deux vaches, l'une rousse, l'autre tachée de blanc, paissent au milieu d'un riant paysage de Normandie. Près de là, une autre vache brune est couchée à l'ombre d'un bouquet d'arbres. Le berger cause avec une paysanne au milieu de la prairie arrosée par un ruisseau.

Tableau d'une charmante coloration blonde.

Haut., 32 cent.; larg., 40 cent.

TROYON

60 — *En route pour le marché.*

Le soleil vient de se lever ; le fond de la vallée est encore dans la brume ; un fermier, monté sur son âne, et un autre paysan à cheval suivent la route qui domine le coteau.

Haut., 73 cent.; larg., 91 cent.

VINCELET

61 — *Fleurs.*

Haut., 15 cent.; larg., 21 cent.

VOLLON

62 — *Nature morte.*

Sur une table sont déposés des légumes, une terrine et des ustensiles de cuisine.

Haut., 36 cent.; larg., 45 cent.

VOLLON

63 — *Reines-Marguerites.*

Haut., 60 cent. ; larg., 49 cent.

ZIEM

64 — *Les jardins français à Venise.*

Une gondole et quelques voiles longent la terrasse.

Haut., 40 cent.; larg., 63 cent.

www.ingramcontent.com/pod-product-compliance
Ingram Content Group UK Ltd.
Pitfield, Milton Keynes, MK11 3LW, UK
UKHW020224180726
13838UKWH00005B/2180